非 – 風景
비 – 풍경

The Absent Landscape:
Stories That Could Not Become
Memory

사라진 풍경
기억이 되지 못한 이야기
실제인지 상상인지 알 수 없는
비-풍경

CONTENTS

———

차례

Island of Night

An island of night floats upon the water. Darkness has grown so deep it has erased the edges of all things. In the middle of the sea, a black island rises. I cannot tell if I see it or only feel it, but it is there.

On the southern shore of Jeju, I sit in a small room beside a narrow path, listening to the waves. The village lights have long gone out. Only the sound of the sea breaking on stones remains. Out of the darkness, the island looks back at me. I cannot tell if it is watching me or calling to me, but I know it is near. In the bright day, I have never seen it.

밤섬

밤의 수면 위에 섬이 떠 있다. 어둠이 부풀어 올라 모든 경계를 삼켜버렸다. 바다 한가운데 검은 섬이 떠 있는 게 보인다. 보인다고 해야 할지 느껴진다고 해야 할지 알 수 없지만 칠흑 같은 섬을 느끼고 있다.

제주 남쪽의 바닷가 마을. 넘실대는 바다와 한 폭의 길을 사이에 두고 작은 방에 앉아 밤을 마주하고 있다. 마을의 빛은 오래전에 꺼졌고 몽돌 위에서 잘게 부수어지는 파도 소리만 가득하다. 어둠 속에서 섬이 나를 본다. 본다고 해야 할지 손짓한다고 해야 할지 알 수 없지만 분명하게 기척을 하고 있다. 섬이 해안 가까이 떠 있다. 환한 낮에는 본 적 없는 섬이.

Sea

In the small room lies a mattress covered in soft white bedding. One wall is almost all window, clear and wide. Through it, the sea fills my sight. Lying on the bed, it feels as if waves rush over my whole body. The room swells with the sea.

After wandering the village all day, I return to escape the dark. I sit on the white bed and face the water. An island floats there. Sleep slips away, and the island rises in its place.

바다

작은 방에 희고 바스락거리는 침구를 씌운 매트리스가
있다. 창문으로 가득 찬 벽이 투명하다. 빈 벽에서 바
다가 밀려왔다 밀려간다. 침대에 바르게 누우면 어디
로도 도망갈 수가 없다. 흰 파도가 온몸으로 밀려왔다
밀려간다. 온통 바다로 가득 찬다. 종일 마을을 쏘다니
다가 내려앉는 어둠을 피해 방으로 돌아왔다. 흰 침대
위에 올라앉아 바다를 마주 보았다. 섬이 떠 있었다.
그렇게 잠은 사라지고 섬이 떠올랐다.

Cliff

In the middle of the blue sea rests an island. Its round shore mirrors the shape of the moon. It grows green with plants, bearing fruit without poison. Food is found with little effort. The sand is soft beneath my feet, the waves clear, the sky endless.

There is also a cliff. It wears white clouds like a hat. I sit at its edge, legs dangling into the air. A long wind comes from the sea, moving through my legs, my neck, my hair. I stretch my body wide. My arms and legs lengthen. I rise lightly, as if flying.

벼랑

섬이 푸른 바다에 에워싸여 있다. 둥근 해안이 달의 실루엣을 닮았다. 섬에는 온갖 초록이 무성하고 독 없는 열매가 마르지 않고 난다. 힘들이지 않고 깨끗하고 안전한 먹거리를 찾을 수 있다. 발에 닿는 모래는 부드럽고 파도는 포말도 없이 투명하게 흔들린다. 창공이 높다.

그리고 절벽이 있다. 흰 구름을 모자처럼 쓴 깎아지른 벼랑. 걸터앉는다. 다리를 늘어뜨리고 대롱거린다. 멀리서 꼬리가 긴 바람이 불어온다. 다리와 목덜미와 머리칼을 핥는다. 몸의 구석구석을 연다. 팔과 다리가 길고 납작하게 늘어난다. 휘잉. 가뿐하게 날아오른다.

Weightless

I float above the sea, weightless. I lie where water and sky meet. I forget if I am on water or in air. It feels like a gentle hand holding me close.

Everywhere is open. Nothing above or below, nothing on either side. The world has no edge. The air and the unseen horizon feel the same. My body spreads like wind. I become a space that breathes. My mind empties.

I hear water lap and press into my ears. I forget weight and shape. It feels all right to vanish. It feels as if I could become anything. That is freedom.

무중력

푸름의 무중력 상태. 하늘과 바다의 경계에서. 떠 있는
곳이 물 위인지 허공 중인지 잊었다. 부드러운 손길이
몸을 감싸 안고 있다. 유유히 떠 있다는 것. 거대한 구
의 중심에 존재하는 기분. 위와 아래, 양옆 어디에서도
죄어오지 않는다는 것. 시선이 닿는 곳과 닿지 않는 곳
의 밀도가 같음. 펼쳐져 있음. 열림. 숨구멍. 의식이 호
흡한다. 머릿속의 빈 바닥을 본다. 찰방이는 소리. 귓속
으로 물이 밀려들어 온다. 무게와 부피를 잃는다. 이대
로 사라져도 괜찮을 것 같아. 무엇이 되어도 괜찮다는
말. 무엇이든 될 수 있겠다는 느낌.
자유롭다는 거야.

Summer Forest

I step into the forest after a summer rain. The air rushes at me like heat from an oven just opened, like steam-filled cloth. Heavy, damp warmth presses close. I feel the breath of green leaves, the pulse of life.

I take a step. Mist gathers around my body. My breathing deepens, longer and lighter. As if I were drinking pure oxygen from the earth. In this forest, air is untouched, unspoiled. Here, I feel alive.

여름 숲

여름비가 지나간 숲에 들어섰다. 막 요리가 끝난 오븐을 연 것처럼, 스팀을 잔뜩 먹인 옷을 안아 든 것처럼 훈기가 끼쳐 온다. 엽록이 짙어진 잎이 내쉬는 숨이 느껴진다. 생명의 기운. 그런 기운을 형상화한다면 눈앞의 풍경이 될까. 한 발을 내디딘다. 희부연한 물의 기운이 몸을 감싼다. 호흡이 확장된다. 숨을 들이쉬고 내쉬는 것이 더 길고 가뿐해진다. 원시의 산소를 마시는 것처럼. 아무것도 섞이지 않고 더럽혀지지 않은 숨만을 모아 놓은 것 같은 숲에서. 살아있다고 느끼면서.

The Wooden Hall

There is a traditional Korean house with a roof of woven straw. Its walls are coated with earth, its floors warmed by ondol. The rooms stand in a row, with a wooden hall (daechung maru) and a small storage room between them. In both the middle and far rooms, hearths feed the fire, with iron pots hanging above. When the fire is lit, you cannot pass through the papered doors. You move like through a maze—from the far room to the middle, from the middle to the hall.

The wall of the far room holds the faint smell of beans, dried long ago. In the middle room rests a worn chest, paint peeling, lid locked. In summer, the hall is opened wide to let in wind. In winter, no matter how tight the doors are closed, they rattle in the air.

Lying on the floor of the hall, I take a red candy from my grandmother's box and let it melt on my tongue. From somewhere close, crickets sing.

대청

짚을 꼬아 이엉을 엮어 지붕을 올린 집. 흙을 바른 벽과 구들장을 깐 바닥. 대청마루와 광이 딸린 기역 자 모양의 집. 중간방과 끝방 앞에는 아궁이가 각각 있고 솥을 걸어두었다. 불을 땔 때는 창호지 바른 문으로 드나들 수 없어서 끝방에서 중간방으로, 중간방에서 대청으로 미로처럼 지나다닌다. 끝방 벽에는 쩔어 말린 묵은 콩 냄새가 배어 있고 중간방에는 칠이 바랜 궤가 있다. 궤는 잠겼다. 여름이면 대청의 양 문을 앞뒤로 열어 바람길을 만든다. 겨울에는 아무리 아귀를 맞추어 닫아도 희미하게 문 우는 소리가 난다. 대청에 누워 할머니 간식함에서 옥춘당 꺼내 먹는 오후. 귀뚜라미 운다.

A Tomb of Books

There is a room walled by shelves. They rise from floor to ceiling, every space filled with books. At the center stands a cushioned chair and a small table. Steam rises from a coffee cup, half full of dark liquid. A faint trace of lips rests on the rim.

On these shelves, the right book always appears. When a formless weight stirs in my mind, not yet words, I wander the spines. Then a book gleams, as if an unseen hand had pushed it forward. It seems to have been waiting all along. And such things always happen.

책 무덤

삼면이 책으로 둘러싸인 방이 있다. 천장과 바닥에 빈틈없이 꼭 들어맞는 키 높이 책장. 책이 가득 차 있다. 방 가운데는 쿠션이 적당한 1인용 소파가 놓여 있다. 곁에 조그만 티 테이블. 커피잔에 김이 피어오른다. 짙은 고동색의 커피가 반쯤 차 있다. 잔 귀퉁이에 입술 자국이 희미하다.

책장에는 그때그때 꼭 맞는 책이 화수분처럼 나타난다. 아직 언어화되지 않은 무형의 덩어리가 머릿속에 떠오르고, 만져지지 않는 생각이 가려워 책장을 뒤적일 때면 마치 누군가가 슬며시 책 뒷면을 밀어주는 것처럼 빛을 발하는 책이 나타난다. 언제부터 있었는지도 모를 그런 책이 아주 오래전부터 기다리고 있던 것처럼 고개를 내민다. 그런 일은 늘 일어난다.

The Door

I sink into the sofa and slip into a book. Thick as if endless, it is light as a feather. My arms and shoulders never ache. My eyes stay moist, my coffee never runs dry. Sentences rise, dancing, stepping inside. Words clasp hands in my mind, spinning, opening a door.

The world revealed is new, yet I see it clearly. Nothing is heavy or hard. It feels natural. And within it, I am filled with delight.

문

소파에 몸을 푹 기대어 앉아 지면의 세계에 빠져들어 간다. 끝이 없는 것처럼 두툼한 책은 깃털만큼 가뿐하고 어깨도 팔목도 전혀 뻐근하지 않다. 눈은 깜빡이지 않아도 촉촉하고 커피잔은 아무리 마셔도 마르지 않는다. 문장 하나하나가 어영차 일어나 춤을 추며 신나게 걸어 들어온다. 차례로 도착한 단어들은 머릿속에서 서로 손을 맞잡고 빙글빙글 원을 돌며 새로운 세계의 문을 연다. 열린 세계는 처음 만난 세계지만 정확하게 이해할 수 있는 풍경이다. 그 모든 게 전혀 버겁지도 힘겹지도 않고 자연스럽다. 그 속에서 나는 환희에 가득 찬다.

The Room

While drifting through books, a sudden spark bursts. A fragment from the universe burns into my mind, leaving a hole. Sentences I have never known appear at once. I snap the book shut and stand. My body reacts on its own, unable to hold back.

Before the wall stands a desk of clear grain. On it lie a blank page and a pencil. I sit on a steady chair and take it in hand. My fingers move as fast as typewriter keys. Sentences pour without pause. Thought and hand match exactly. No word is lost. Blank pages wait in endless supply.

Time stops, holding still until every ember in my mind cools. There is such a room. And in this room, the door has been erased.

방

새로운 세계 안에서 유영하다 불현듯 불꽃이 튄다. 우주에서 날아온 뜨거운 불덩이가 번쩍 구멍을 낸다. 처음 보는 언어가 일순간에 열 맞춰 착착 달려온다. 내동댕이치듯 책을 덮고 몸을 일으킨다. 의지대로 움직이는 것이 아니라 몸이 참지 못하고 반응하는 것이다.

벽 앞에 나뭇결이 선명한 책상이 단정히 놓여 있다. 책상 위에는 누르스름한 빈 종이 한 장과 연필 한 자루. 몸을 단단하게 받쳐주는 의자에 앉아 연필을 쥔다. 타자기를 누르는 것만큼이나 빠르게 손이 움직인다. 문장들이 봇물 터지듯이 쏟아진다. 생각의 속도와 손이 움직이는 속도가 꼭 맞아서 흘리는 단어가 하나도 없다. 빈 종이는 필요한 만큼 얼마든지 기다리고 있다. 머릿속에 쿡 떨어진 우주의 불덩이가 모두 식을 때까지 시간은 숨을 죽이고 멈춰 있다. 어딘가에 그런 방이 있다. 그리고 이 방에서 나가는 문은 지워버렸다.

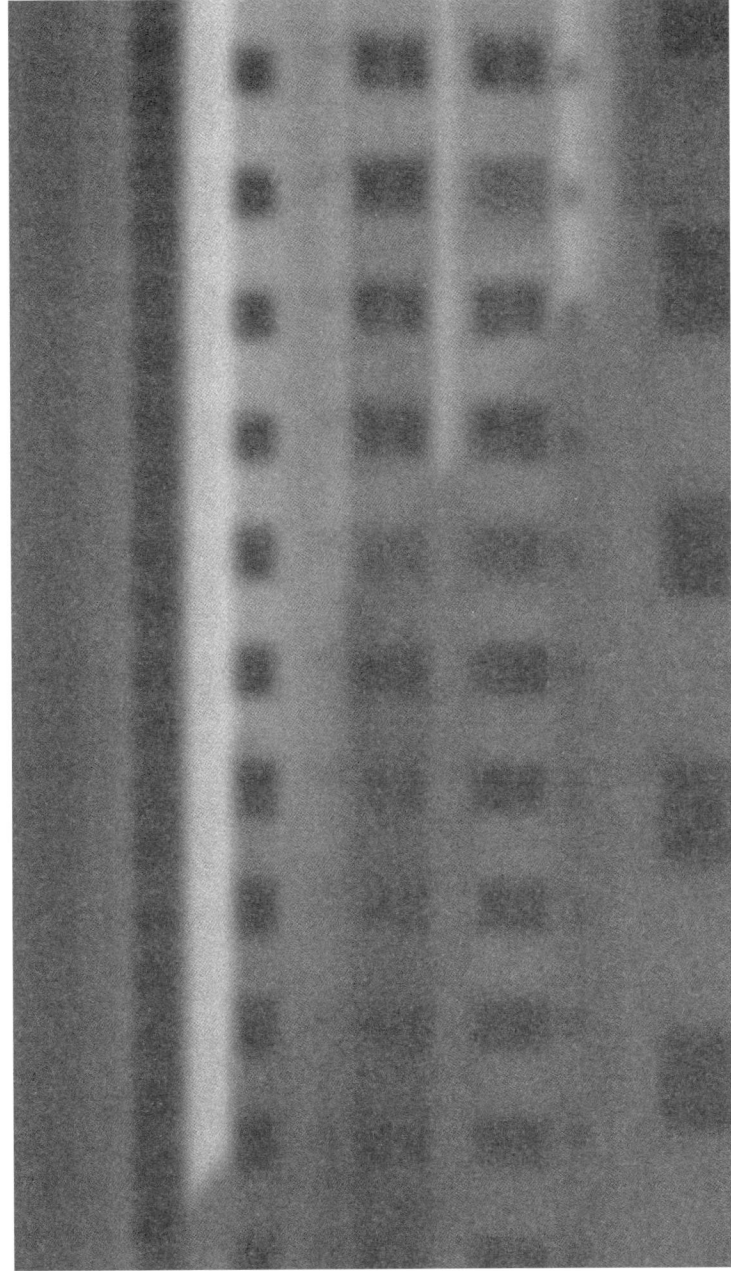

Gaze

I sit in a room and see hundreds of rooms. Each day I open my eyes and look into them. I see faces inside, imagine their stories. A face appears and disappears in a kitchen window. A face sits in a bright room, staring at one spot. A face stays awake under dim light.

And here I am, watching them from my own room. I make tea, sit in the living room, and look. Until dawn, I keep a small light burning.

응시

방에 앉아 수백 개의 방을 본다. 방에서 매일 눈을 뜨고 방들을 본다. 수백 개의 방 안에 앉아 있는 수백 개의 얼굴을 보고 수백 개의 이야기를 상상한다. 주방에 난 창으로 나타났다 사라지는 얼굴. 불을 환하게 밝히고 거실에 앉아 한 곳을 오래 응시하는 얼굴. 어둠 속 희미한 조명 아래 깨어 있는 얼굴을 본다. 방 안에 얼굴을 보는 내가 있다. 주방을 오가며 따뜻한 차를 타고 거실에 앉아 방을 들여다보고 새벽까지 여린 불을 밝힌 내가 있다.

Universe

Night has come. I spread a cloth on the grass and lie down. The ground feels damp, strange. I let myself sink into it and release my shoulders.

Have I ever looked at the sky with no border? A startling sight pours in. Dark matter and stars float like fragments. The universe opens wide. For the first time, I feel myself within it. The universe is real. My mind drifts far away.

우주

밤이 찾아왔다. 마당에 나가 잔디 위에 얇은 천을 깔고 눕는다. 잠시 몸을 떤다. 축축하고 스산한 땅의 기운이 생경하다. 새로운 감촉에 몸을 맡기고 어깨에 힘을 뺀다. 밤의 대지에 누워 경계가 지워진 하늘을 올려다본 적 있던가. 놀라운 광경이 밀려온다. 형체를 갖지 않는 암흑물질과 스스로 빛을 발하는 항성이 부스러기처럼 떠 있다. 우주가, 펼쳐져 있다. 처음으로. 이 광활한 우주 속에 존재하고 있다는 걸 느낀다. 순간. 우주를, 실감한다. 정신이 아득해진다.

Trace

I lie still, looking into the universe. Or should I say within it. The line of sky and earth disappears. Even the one beside me fades. Only I and the stars remain.

A light burns and falls. By the time I search, it is gone. Another streak drops where my eyes rest. A trail of smoke curves long. The light stretches and dies. Only darkness remains.

I gaze at the empty spot. It feels as if I could smell the burning. I think of things that vanish in flame. Of the marks they leave in the vast sky.

자국

눈도 깜빡이지 않고 우주를 마주 보며 누워 있다. 우주
속에 누워 있다고 해야 할까. 하늘과 땅의 경계가 지워
지고 곁에 함께 누운 존재도 사라진다. 오롯이 나와 빛
나는 점들만 밤하늘 속에 떠 있다. 가장자리에서 빛이
타며 떨어진다. 눈이 좌표를 찾는 사이 순식간에 자취
를 감춘다. 의식을 의심하기도 전에, 이번에는 시선이
가닿은 거기에. 잿빛 연기가 긴 꼬리로 호를 그린다.
빛은 길게 타며 사라지는구나. 빛이 떠 있던 자리는 이
제 어둠뿐이다. 연기가 흩어진 자리를 한참 바라본다.
탄 냄새를 맡기라도 하는 것처럼. 뜨겁게 타오르며 사
라지는 것들에 대해 생각한다. 광활한 우주에서 사라
지는 것들이 남기는 선연한 자국에 대해서.

Fireworks

Behind the central station stands an old hotel. Inside are two twin beds on iron frames, a small television, and a window that swings wide. At the end of the hall, we washed away the weight of travel in the shared shower. Tired, we sat on the bed and shared a can of beer.

We pushed the bed close to the window and waited for the fireworks to begin. They said it was the first show in a hundred years, held at the oldest amusement park in the world. The dog in the lobby told us so. It also said this hotel was the only place to see it. The thought of such a chance stirred us. A cool sip of beer slid down my throat. That night I felt I would dream a special dream.

불꽃

중앙역 뒤편 낡은 호텔 방. 철제프레임에 매트리스를 올린 트윈배드와 조그만 티브이 하나, 여닫이문이 활짝 열리는 창문. 긴 복도 끝에 있는 공용 샤워실에서 여행의 피로를 씻어냈다. 노곤한 몸으로 침대에 걸터앉아 맥주 한 캔을 나눠 마시는 밤. 창문 앞으로 침대를 밀어 옮기고 곧 시작될 한밤의 불꽃놀이를 기다린다. 세계에서 처음으로 지어진 놀이공원에서 백 년 만에 열리는 쇼라는데. 호텔 로비를 지키고 있던 개가 알려주었다. 이 호텔은 백 년 만에 열릴 쇼를 볼 수 있는 유일한 곳이라고 했다. 우리는 뜻밖의 기회에 상기되었다. 시원한 맥주 한 모금이 목구멍을 핥고 지나갔다. 오늘은 아주 특별한 꿈을 꿀 것이다.

Whisper

The curtain fluttered in the air. My mind grew calm with the warmth of another body beside me. Suddenly, the world flashed. Lightning split the sky, sharp and clear. Thunder followed, breaking the night.

The storm passed, and at once red and blue fireworks bloomed. Nature's thunder and human sparks played together, an orchestra in the sky. Lightning struck above, and fireworks answered from below. Light tore open the dark and remade the night.

I was glad we were awake together. The night was no longer frightening. No one said it, but I heard the whisper all the same.

속삭임

커튼이 하늘거리고 머릿속은 녹진해지고 살에 맞닿는 체온이 안심되는 순간. 세상이 번쩍인다. 하늘을 찢는 선뜩한 번개. 뒤이어 마른하늘이 쪼개지는 소리. 느닷없는 으르렁거림 뒤로 기다렸다는 듯 펼쳐지는 붉고 푸른 빛의 향연. 자연이 준비한 빛의 노래와 인간이 쏘아 올리는 색색의 파편들이 오케스트라를 이루듯 밤을 터뜨린다. 하늘에서 빛줄기가 허공을 가르면 지상에서 쏘아 올린 불의 꽃이 핀다. 어둠을 찢고 가르는 빛의 연주회를 듣는 밤. 우리가 함께 깨어 있어 다행이지. 밤은 이제 전혀 두렵지 않다고. 말하지 않아도 그런 속삭임이 들린다.

House in the Forest

In the middle of the forest stands a house. Its many windows make it seem almost transparent. From anywhere inside, the forest is in view. Shadows of leaves scatter on the floor and walls. When forest sounds fill the rooms, the house feels part of it.

Through the glass, the forest looks deep and secret, like a hidden refuge. I feel protected, as if nothing I place here could be harmed. I forget my pain, and the ache fades. Here, I could sleep a long, peaceful sleep. Only in this place do I realize I have wished for such rest.

Some places touch what you did not know within yourself, in the quietest voice. Such places are rare.

숲속의 집

숲 가운데 집이 있다. 집은 거의 투명하게 지어졌다고 할 수 있을 정도로 크고 많은 창문으로 이루어져 있다. 집 어디에서나 숲이 보인다. 방바닥과 벽에 무수한 잎 그림자가 어린다. 숲이 뒤채는 소리가 집을 가득 채울 때면 숲의 일부가 된 것 같다. 창 너머로 보이는 숲은 깊고 울창해서 아주 내밀한 은신처 같다. 보호받고 있는 기분. 어떤 마음을 꺼내 놓아도 더럽혀지지 않을 것 같은 느낌이 든다. 무엇에 시달렸는지도 모르면서 시름이 가시고. 달고 깊은 잠을 잘 수 있을 것만 같다. 그런 잠을 아주 오래전부터 바라왔다는 걸 이곳에 와서 알게 된다. 어떤 곳은 스스로 깨닫지 못한 걸 아주 작은 목소리로 건드려주곤 하지. 그런 장소를 만나는 건 자주 있는 일이 아니다.

The White House on the Hill

There is a white house on the hill. Everyone in town knows it, though no one knows its true name. The house on the hill. The white house. No one knows who lives there, yet people lower their voices, covering their mouths as if someone might be listening.

A man who moved next door once lived in that house. Now he never comes out. People waggle their fingers toward his door. The door of the white house has turned pale.

Wild daisies sway in the cracks of the cement wall. The air feels sealed, as if trapped in a swollen pocket. The house has many floors, but the ground one is empty. I walk down a long corridor. All doors are closed. Sunlight pours through the windows, filling the hall with white.

Somewhere, a doorknob turns. Behind me, a door opens. A small bird flutters out. Light falls on its shoulder. Its clear eyes meet mine.

언덕 위 하얀 집

언덕 위에 하얀 집이 있다. 정확한 이름은 모르지만 모두가 아는 그 집. 언덕 위에 있는 집. 하얀 집. 누가 살고 있는지 알 수 없지만 모두가 검지손가락을 입에 대고 쉬쉬한다. 누가 들을까 봐 입을 가리지. 오래전부터 그 집에 들어가 보고 싶었다. 옆집에 이사 온 남자가 그 집에서 살다가 왔다고 했다. 남자는 집 밖으로 나오지 않는다. 사람들은 검지손가락으로 그 집 문을 향해 흔들며 쉬쉬한다. 그 집 문이 하얗게 칠해졌다.

희게 칠한 시멘트벽 틈 사이로 개망초꽃이 흔들리고 있다. 공기를 넣어 빵빵하게 부풀린 주머니에 들어온 것처럼 사위가 조용하다. 하얀 집은 여러 층으로 이루어져 있고 일 층에는 아무도 없다. 양쪽으로 길게 뻗은 복도를 따라 걷는다. 열 맞춰 서 있는 문들은 모두 굳게 닫혀있다. 복도 창문으로 햇살이 흘러내린다. 빛으로 가득 찬다. 하얗게 물든다. 어디선가 문고리 돌아가는 소리가 들린다. 등 뒤에서 살그머니 문이 열린다. 작은 새 한 마리가 하늘거리며 나타난다. 빛 조각이 어린 어깨. 투명한 눈동자가 나를 본다.

The Forest Overlooking the Sea

In autumn I go to the forest that looks out on the
sea. From there I see the long curve of the shore.
I sit beneath tall pines. On my lap I place a book,
chosen without effort. My hands rest on it, and I lift
my gaze. The line of sky and water blurs.

Pine needles fall with soft thuds. I close my eyes, tilt
my head back. It feels as if the unwritten lines of a
poem brush against my fingertips. A branch snaps.
A cat comes close and sits at my side.

In autumn, I want to become part of the landscape.

바다가 보이는 숲

가을이 찾아오면 바다가 보이는 숲에 간다. 완만하고 기다란 해안가를 바라다보기에 좋은 숲이다. 키 큰 소나무들 아래 자리를 잡는다. 오래 고민하지 않고 골라 온 책을 무릎 위에 올려놓는다. 두 손을 책 위에 가만히 올려놓는다. 그리고 멀리 본다. 하늘과 바다의 경계가 흐리게 보인다. 숲에서는 솔잎이 뭉치째 툭 툭 떨어지는 소리가 난다. 눈을 감고 가만히 고개를 들어본다. 읽지 않은 시가 손끝에 만져진다. 마른 솔가지 부러지는 소리. 고양이 한 마리가 곁에 와 있다. 가을에는 풍경이 되고 싶다.

The Clear Window

Turning into the alley, I see the corner of a red brick building. Beside the road is a small blueberry field, and a patch of scallions and eggplants. I walk past the green crops and arrive at the building. Its walls are lined with long, clear windows. Our reflections appear in the glass.

Inside, small plants greet me. Smooth tables and chairs are neatly placed. The air smells of coffee. Desserts topped with cream look soft and sweet. The owner's clean, gentle hands move quickly. I wait quietly.

Before I know it, beyond the wide window, a forest comes into view.

투명한 창에

골목에 들어서면 붉은 벽돌 건물의 모서리가 보인다. 길옆에는 비닐하우스 세 동이 서 있는 작은 블루베리 농장이 있고 파와 가지를 심어놓은 밭 한뙈기도 있다. 푸른 것들을 구경하며 걷다 보면 벽돌 건물 앞에 도착한다. 투명하고 긴 창이 파노라마처럼 벽을 둘러싸고 있다. 우리가 창 위에 어린다. 문을 열고 들어가면 옹기종기 모여 있는 식물들이 인사한다. 모서리가 부드러운 목재 테이블과 의자들도 단정하다. 그윽한 커피 향이 감돌고 채도 낮은 크림을 올린 디저트가 손짓한다. 깨끗하고 상냥한 손이 분주하다. 잠시 이대로 있어본다. 어느새 길고 넓은 창 너머에 숲이 펼쳐진다.

Performance

The old man's performance ends, though no one has heard it. He sits on a chair before the old music shop. Every day at the same time, he plays. His music is silence, his notes are stillness. Around him, a round circle of quiet spreads.

He is both player and listener. At the same time each day, in the same place, his world is not noisy but calm. Those who pass by, those who stand at a distance smoking, do not hear it.

Only the instruments hanging in the shop hear his music. They have not been sold for decades. They have stayed there, waiting. The old man plays with his body to meet the time trapped inside the shop.

연주

아무도 듣지 못한 연주가 끝났다. 오래된 악기사 앞에 내놓은 의자가 노인의 자리다. 노인은 매일 같은 시간에 연주한다. 고요와 침묵이라는 음악. 노인이 앉아 있는 자리만 동그랗게 음악이 흐른다. 연주하는 이도 듣는 이도 노인뿐이다. 매일 같은 시간 같은 자리에서 노인의 세계에만 소요가 사라지고 소란이 멎었다. 그 곁을 지나가는 이도, 멀찍이 그를 바라보며 담배를 태우는 이도 그 동그란 시간을 알지 못했다. 오직 악기들만이 그 연주를 안다. 수십 년째 팔려나간 악기는 없고 팔려온 시간만 가득 쌓인 악기사. 노인은 악기사에 갇혀 있는 시간을 만나기 위해 몸으로 연주한다.

White Butterfly

A white butterfly lands on a shoulder before the grave, then rises. Someone says it is the grandmother, now a spirit, comforting her children. At those words, another person cries aloud. The butterfly moves again and again, resting on one shoulder, then another.

It is August, the sun heavy. We wear mourning clothes of hemp. The fabric lets in no air, so someone says it cannot be real hemp. Still, we sing the songs of mourning and carry out the funeral.

Each time the grave is raised higher, we place coins for the journey to the other world. They say this will guide her well. Damp earth and money pile into a round mound. The white butterfly sees it all, then flies away.

흰나비

무덤가에서 흰 나비 한 마리가 사람들의 어깨 위에 앉았다가 날아오른다. 누군가 혼이 자손들을 위로하는 거라고 말한다. 그 말에 누군가 소리 내어 울었다. 흰 나비는 이 어깨 저 어깨 자꾸만 가 앉는다. 뙤약볕이 뜨거운 8월에 우리는 삼베 상복을 입고 있다. 통풍이 전혀 되지 않아 누군가 진짜 삼베가 아닐 거라고 말한다. 우리는 가짜 삼베 상복을 입고 곡소리를 하며 장례를 치렀다. 무덤을 쌓을 때마다 노잣돈을 놓아야 했다. 그래야 좋은 길로 간다고. 축축한 흙과 돈이 차곡차곡 쌓여 봉분이 되었다. 흰 나비는 그걸 다 보고 훨훨 날아갔다.

The Wall

Grass grows on an abandoned wall. It pushes through cracks in the dry, broken cement. The old wall holds a spirit. Strong and high, it once confined or protected. Perhaps the words mean the same. Someone once stood there, watching or guarding. They saw people walk, eat, and sleep. They kept them from leaving. It was agreed by those inside and out. A single wall drew the line. Only the sound of weeping could cross.

담벼락

버려진 담벼락 위에 풀이 났다. 마르고 깨어진 시멘트 틈을 뚫고 자랐다. 낡은 담은 오래된 숨을 품고 있었다. 단단하고 높은 옹벽은 누군가를 가두거나 보호한다. 두 단어는 같은 의미일지도 모른다. 누군가는 담이 품은 사람들을 감시하거나 지켰다. 그들이 걷고 먹고 자는 걸 지켜보았다. 담 밖으로 나가지 못하게 했다. 그건 안과 밖에서 모두 약속한 것이었다. 바로 한 걸음을 사이에 두고 안과 밖이 되었다. 그 한 걸음을 뚫을 수 있는 건 형태를 잃은 울음뿐이었다.

Eggs

We went to gather eggs. At the sound of people, the hens hid. The eggs were chosen with care and placed in cloth-lined baskets. Someone found a cracked one. That one is no good,they said. Throw it away,another answered.

The smooth ones were taken. The broken ones tossed aside. When the people were gone, the flightless birds hurried back. Before empty nests, with neither smooth nor broken eggs, they folded their wings.

알

알을 구하러 갔다. 인기척이 들리자 날지 못하는 새들이 종종걸음으로 숨었다. 사람들은 성실히 알을 고르고 천을 깐 바구니에 소중하게 담았다. 누군가 껍질이 깨진 알을 발견했다. 그건 못 써. 누군가 말했다. 던져버려. 멀리. 누군가가 답했다. 껍질이 매끈한 알을 가득 챙겨 담고 쓸 수 없는 알은 멀리 던져 깨버렸다. 성실한 사람들이 돌아가고 날지 못하는 새들이 종종걸음으로 제자리에 왔다. 매끈한 알도 깨진 알도 남아 있지 않은 둥지 앞에서 새들은 날개를 꺾었다.

The Cave

At the top of the mountain is a great cave. Wide and deep, as if carved into its side. At the bottom lies clear, cold water. A narrow walkway of iron plates runs through it like a vein.

The path is so tight only one person can pass. All who enter walk in the same direction. There is no return. In single file, eyes forward, we go. From the ceiling, drops fall like needles. Cold water touches my shoulder, and a chill runs through my neck.

A voice tells me to stay alert. Another asks if I know where the path will end. No one speaks, yet I hear the voices.

굴

긴 케이블카를 타고 산을 오르면 큰 동굴이 나타난다. 높은 산의 옆구리를 싹 긁어낸 것처럼 크고 깊은 굴이다. 바닥에는 맑고 차가운 물이 차 있고 철판을 덧댄 길이 혈관처럼 깊은 곳까지 이어져 있다. 길은 딱 사람한 명만큼의 폭으로 이루어져 있어서 모두가 한 방향으로만 걸을 수 있다. 길을 한번 나서면 왔던 길로 돌아갈 수는 없다. 일렬로 나란히 한 곳을 바라보며 걸어가는 동안 천장에서 바늘 같은 물이 떨어진다. 차고 선뜩한 액체가 어깨에 닿으면 뒷덜미가 곤두선다. 정신을 차리라고. 이 길의 끝이 어디를 향하고 있는지 아느냐고. 아무도 말하지 않는데 그런 목소리를 듣는다.

A Place with Nothing

There is an island with no one. No stories to tell, no one to hear. Time does not flow. Then the first thing to vanish would be writing. Writing is a way of thinking about time.

On that island, the only thing to do is sleep. Sleep is not an action, but a state of being. After long and heavy days, I sometimes imagine such a world. As if inside a snow globe I keep close.

아무것도

없는 섬이 있다. 털어놓을 이야기도 털어놓아야 할 사람도 없는 곳. 앞에 간 시간도 뒤에 올 시간도 없는 무위의 섬. 그렇다면 가장 먼저 사라질 것은 글쓰기다. 쓰는 행위다. 쓴다는 건 시간을 만지는 일이니까. 그 섬에서 될 수 있는 유일한 상태는 잠이다. 그건 하는 것이 아니고 되는 것이다. 고된 나날이 오래 쌓였을 때, 가끔 꺼내어 보는 스노우 볼 속에 그런 세계가 있다.

Snow

I live in a city where no snow falls. So I do not know the shape of a flake. The only white I know is the faded paint of a crosswalk, the back of a pamphlet left on the street, tissues spilling from a bin.
Sunlight is not white. Children's cheeks are red, not pale. Only sometimes the moon shines truly white. Looking at it, I wonder: if I packed snow into a ball, would it look like that? Would it shine the same?
I look up at the night sky and think perhaps I have seen snow.

눈

눈이 오지 않는 도시에 산다. 그래서 흰 결정체를 모른다. 아는 흰 것이라곤 도로 위에 까진 횡단보도선, 덕지덕지 버려진 전단지의 뒷면, 쓰레기통에서 넘쳐 흐르는 때 묻은 휴지들이다. 눈을 부시는 빛은 희다고 할 수 없고 아이들의 뺨은 발그스름하다. 가끔 아주 밝은 달은 희다. 그런 달을 보며 생각한다. 흰 눈을 뭉쳐 둥글게 다지면 저런 모양일까 하고. 그럼 저렇게 밝을까 하고. 밤하늘을 올려다보며 흰 눈을 본 것도 같다는 생각을 한다.

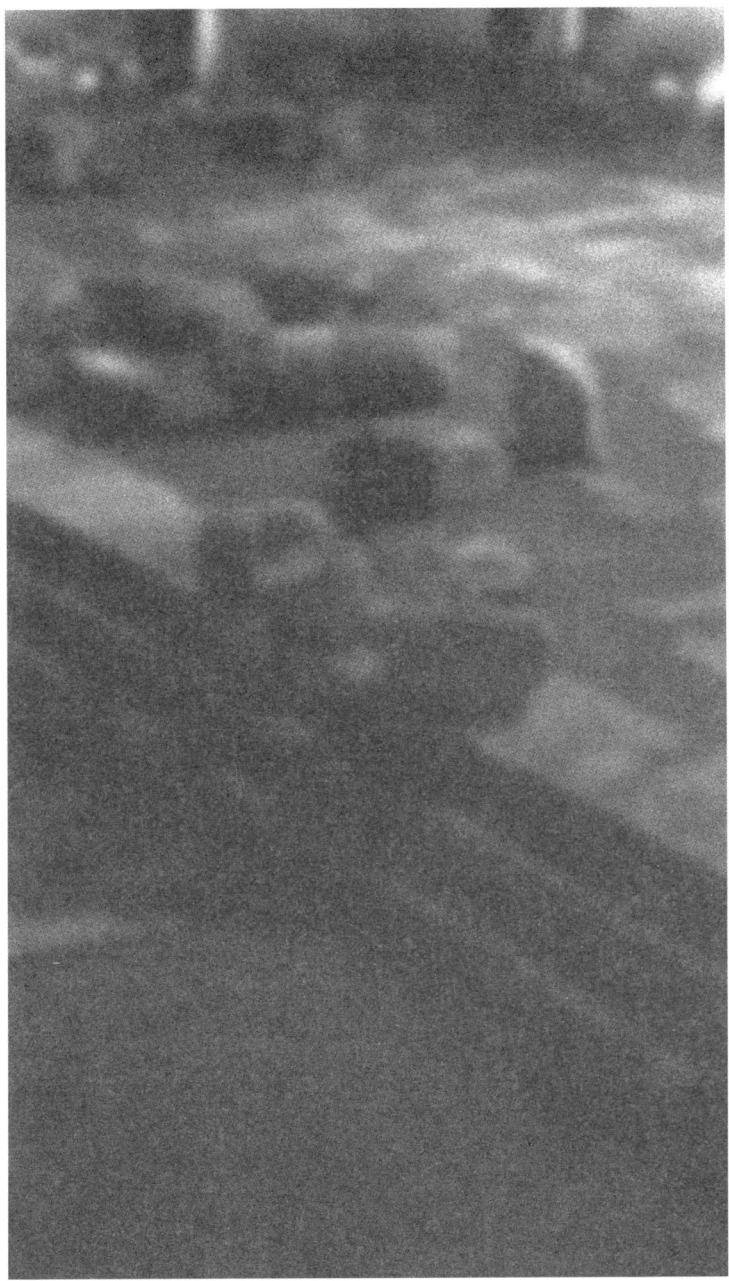

Typhoon

One summer, a typhoon came. The balcony glass shattered. We woke in shock. Wind broke an empty porcelain chest left outside. Rain rushed in. It had been my grandmother's.

My mother grieved more for the chest than for the window. A window can be remade. The chest could not. She gathered all the shards and said, "Don't come close." What mattered was not glass or porcelain, but my small feet uncut.

태풍

어느 여름 태풍이 왔다. 천둥소리를 내며 베란다 유리
창이 깨졌다. 곤히 자던 우리는 찬물을 끼얹은 것처럼
펄떡 놀라 깼다. 베란다에 있던 빈 장독이 터져 있었
다. 조각난 장독 사이로 비바람이 들이쳤다. 할머니에
게서부터 물려 온 것이라는데. 거센 바람이 함부로 드
나드는 깨진 창문보다 조각조각 흩어진 장독을 더 어
쩔 줄 몰랐다. 창은 새로 만들어 끼우면 되는데 할머니
에게서 물려 온 장독은 새로 만들 수 없었다. 창과 독
의 잔해들을 한데 모아 버리는 손이 허공을 휘휘 저으
며 가까이 오지 마, 하고 말했다. 창과 독의 구분이 중
요치 않은 손은 내 여린 발이 가장 걱정이었다.

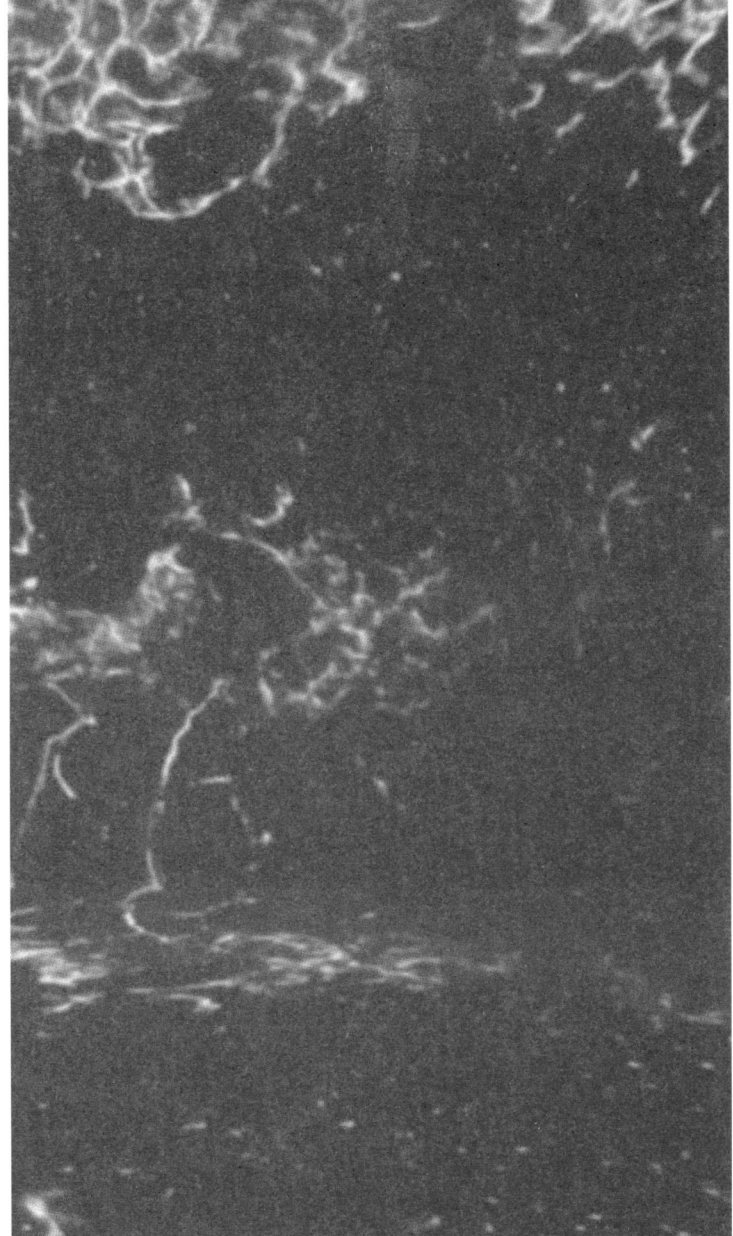

Signal

We spoke for four minutes and thirty seconds. You told me your pain, your grief, your hurt. I did not listen. I could not close my ears, so I closed my heart. I turned away.

When the call ended, the voice I had not heard came back to me. How close are we, and how far apart? I will never truly know you. No one can. No one knows the shape of your real suffering.

So I wonder. Can we ever reach one another? What signal tone rings between us?

신호

4분 30초의 통화였다. 4분 30초 동안 당신의 괴로움과 설움과 고통을 들었다. 듣지 않았다. 귀를 닫을 수 없어서 마음을 닫았다. 4분 30초간의 외면이었다. 전화가 끊어지고 나서야 듣지 않았던 목소리가 들려왔다. 우리는 얼마나 가까우며 또 얼마만큼이나 먼가. 나는 영영 당신을 모른다. 아무도 당신을 이렇다저렇다 말할 수 없다. 그 누구도 당신의 진짜 괴로움을 보지 못했다. 그러니까 돌아본다. 정말로 당신과 내가 서로에게 가닿는 일이란 가능할까. 우리 사이엔 어떤 신호음이 울리고 있는 걸까.

There Are Nights

There are nights that wound me, that make me hate myself. On such nights I cannot sleep. I do nothing but endure until morning. In a dark room like a vacuum, I close my ears. Closing my eyes is not enough.

A voice keeps coming. What meaning does your writing have in this world?it says. It plants a small seed of misfortune in my heart. In a night it grows fast, taking everything.

When such a night arrives, I must watch in pain as the seed roots inside me.

그런 밤

그런 밤을 안다. 모든 것을 할퀴고 끌어내리고 바닥에 내동댕이치는 밤. 그런 밤에는 잠이 찾아오지 않는다. 그저 밤이 끝나길 속수무책으로 견뎌야 하는 것이다. 진공 같은 어둠 속에서 귀를 닫는다. 눈을 감는 것만으로는 충분치 않기 때문이다. 그래도 자꾸만 어떤 목소리가 귓불을 건드린다. 네가 글을 쓰는 게 이 세계에 어떤 의미가 되겠느냐고. 그런 작은 씨앗 하나를 가만히 마음속에 심어놓는다. 겨우 하룻밤에도 무섭게 덩치를 키우고 자라나 모든 걸 잠식할 수 있는 그런 씨앗을. 그런 밤에는 싹을 틔운 괴물이 온몸 구석구석 뿌리내리는 걸 무참하게 지켜보아야 한다.

Flicker

A light flickers. On a bridge tower. On the roof of a tall building. In a lighthouse above the sea. Among the distant glow of lamps. Between the pages of an old diary left unfinished. Lights go out and on again. They waver but do not die. Each flicker touches my heart. It is the heart that fights.

점멸

불빛이 깜빡인다. 강에 놓인 다리의 탑 위에서. 도심 가운데 우뚝 솟은 빌딩 꼭대기에서. 바다 위 아담한 등대 안에서. 멀리서 자글거리는 가로등 사이에서. 오래전 쓰다 만 일기장 사이에서. 자꾸만 꺼졌다 켜진다. 여리고 흔들리지만 꺼지지는 않는다. 그 점멸하는 빛이 시시각각 제 존재를 드러낸다. 싸우고 있다.

Another Person

We lie side by side, yet exist differently. You and I are each in another world. The thought makes tomorrow feel uncertain.

If you cross alone, I am left in the dark. My chest tightens. My breath falters. I close my eyes hard. I gather all my strength to hold your hand.

다른 사람

나란히 누운 밤, 우리는 다른 사람이다. 각자 평온하고 헤매며 다른 세계에 있다. 때때로 그건 내일을 믿지 못하게 만든다. 이미 저 혼자 다른 세계로 건너간 이를 곁에 두고 홀로 끈적한 밤을 만난다. 가슴을 짓누르며 호흡을 방해하는 걸 느낀다. 눈을 세게 감아본다. 몸 가운데로 마음을 곱게 접어 모아 본다. 온 힘을 다해, 다른 사람의 손을 잡는다.

Gyeongju

We watched a movie and went to the bus terminal. Like in the film, we went to Gyeongju, to walk among the royal tombs and drink tea. We had met in a small bookstore where we wrote side by side, though we knew little of each other.

Still, the trip was not for knowing more. We spoke of the film, looked at what we wished. In the teahouse, each ordered a different cup. We did not share. We drank our own and described the taste.

We watched the same film, but we walked our own paths and went home alone. After that day we never met again. Yet the memory remains warm.

경주

우리는 영화를 함께 보고 버스터미널로 갔다. 영화 속 이야기처럼 우리도 큰 왕릉 사이를 걷고 차를 마시기로 했다. 우리는 어느 한적한 골목, 작은 서점에서 만나 함께 글을 쓴 사이였지만 서로에 대해 아는 것은 없었다. 왕릉을 산책하고 차를 마시기로 한 것이 서로를 알아가 보려고 하는 일은 아니었다. 각자가 좋아한 영화 속 장면에 대해 이야기하며 걷고 각자의 기분대로 보고 싶은 걸 볼 뿐이었다. 찻집에서는 모두 각기 다른 차를 마셨다. 나누어 마시지는 않았다. 각자 마실 것을 마시고 각기 다른 맛을 설명했다. 같은 영화를 보았지만 각자의 기분대로 걷고 마시고 각자의 집으로 돌아갔다. 우리는 다시 만나지 못했다. 그런데 여전히 그날의 장면은 내 기억 속에서 재생되고 있다.

Hannat

We met at noon, in a bookstore on the second floor, filled with light. I went there, and you, the owner, welcomed me. For a moment, time stopped.

You were someone who turned a word into a sentence, a sentence into a story. That day I learned such a bond was possible. There are ties that do not depend on time.

Meeting through books, such things can happen. They make me want to be careful. To value, to listen, to keep safe. I place the memory deep in my heart.

한낮

우리는 한낮에 만났다. 밝은 빛이 가득하던 이 층 작은 책방에서. 내가 찾아갔고 당신이 맞아주었다. 그리고 잠시 시간이 멈추었다. 한 단어를 말하면 문장으로 듣고, 한 문장을 말하면 이야기로 이해할 수 있는 사이가 가능하다는 걸 그날 알았다. 세상엔 시간과 비례하지 않는 관계라는 게 존재한다. 책으로 사람을 만나면 그런 일이 귀하지만 분명히 일어나곤 한다. 그런 만남은 아주 조심히 다루고 싶어진다. 귀하게 꺼내 보고 분명하게 듣고 다시 고이 간직하고 싶어진다. 그런 마음이 크면 마음 깊은 곳 깨끗한 자리에 자꾸만 넣어두게 된다.

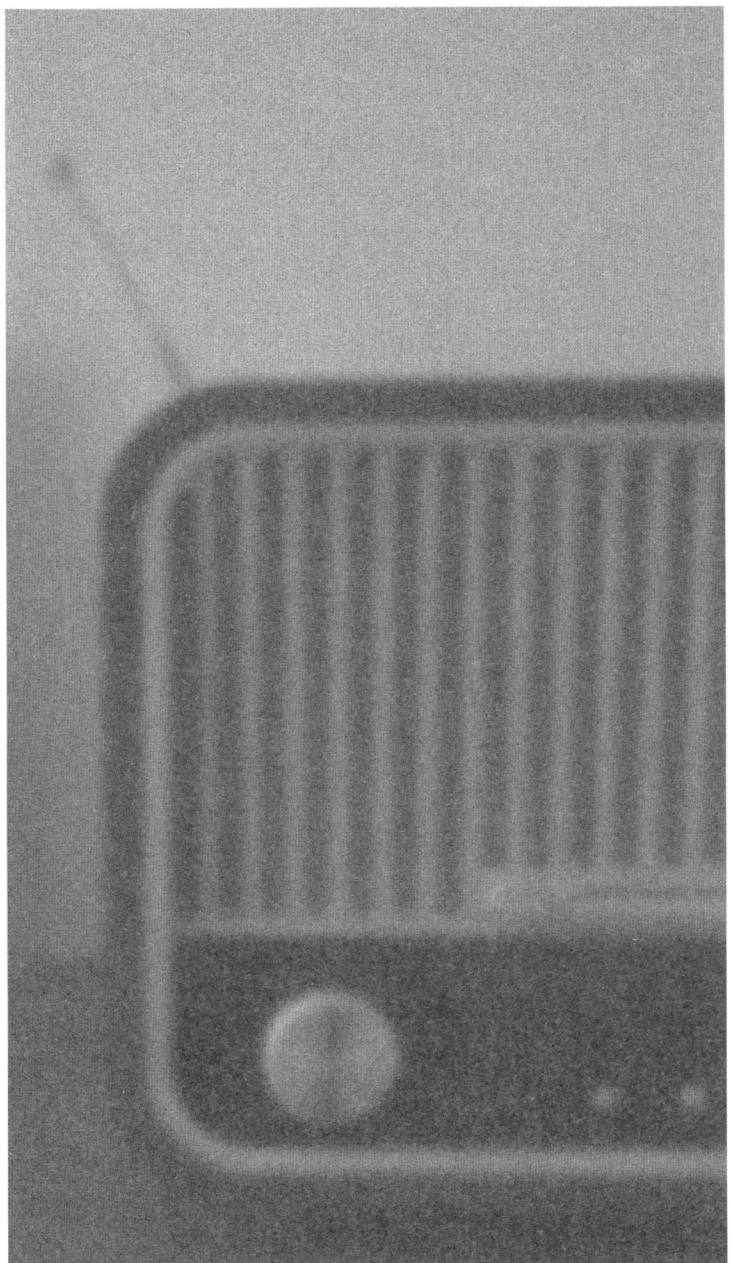

Radio

He listens to the radio every day. After work, it is the first thing he turns on. Sometimes he tunes with care, sometimes he stops at random. Always, voices appear.

Stories spill out—people living their lives elsewhere. His radio can catch every wave. Not only from towers, but also ghostlike voices drifting in the air.

Words once spoken fade, yet remain as waves in the universe. They are caught only by lonely ones with such a radio. For them, the voices never vanish.

라디오

그는 매일 라디오를 듣는다. 일을 마치고 방으로 돌아오면 가장 먼저 라디오를 켠다. 정해진 시간에 정해진 방송을 듣고 싶을 땐 주파수를 정확하게 맞추지만 그렇지 않을 땐 아무렇게나 돌리다가 아무 데나 멈춘다. 그가 멈추는 곳 어디서든 방송이 나온다. 어딘가에 제각각으로 살아가고 있는 사람들의 이야기가 앞도 뒤도 없이 흘러나온다. 그가 가진 라디오는 송출되지 않은 전파를 수신할 수 있다. 안테나를 갖춘 정확한 발신지에서 꾸며낸 전파가 아닌 허공 중에 떠다니는 말의 조각들을 잡아 온다. 언젠가 발화된 말은 효력을 다 해 형체 없이 흩어졌어도 파동이 되어 떠돈다. 섬세한 라디오를 가진 외로운 이에게만 수신되는 그 파동은 언제까지고 사라지지 않는다.

Bicycle

The air at dawn is cool and soft. After a long day we met in the quiet streets. There was no place to go, no duty to keep. We rode our bicycles through the dawn.

No matter how hard we pedaled, it was not tiring. The wind was fresh, our bodies light. We rode by the river, crossed streets, climbed hills and coasted down. We traded places as we went.

We looked at each other's faces while pedaling. I thought, if there is someone to ride with like this, then tomorrow night will be bearable.

자전거

새벽 공기는 가슬가슬하다. 각자 하루를 싸우고 맨몸으로 길 위에서 만난 우리. 가고 싶은 곳도 가야 할 곳도 없는 시간. 공공자전거를 빌려 길을 밀어보기로 한다. 자전거 페달을 밟는 다리가 전혀 고단하지 않아서 이대로 계속 달릴 수 있을 것 같다. 바람을 가르고 나아가는 몸이 가뿐하다. 강 옆을 달리고 횡단보도를 건너고 오르막과 내리막을 지난다. 서로 자리를 바꾸어가며 앞뒤로 달리고 나란히 선다. 서로의 얼굴을 보며 페달을 굴린다. 새벽을 같이 밀어줄 사람이 있으면 내일 밤도 괜찮을 것 같다고 생각한다.

Letter

I received a long letter from him. It filled 365 pages. He did not call it a diary, but a letter. For a year I read one page each day, and I too called it a letter.

Some records become letters. A page can be complaint and confession, and also a conversation. The letter he gave me was his life. He gave me his life.

편지

긴 편지를 받았다. 365장에 내용이 빼곡했다. 그는 그 두툼한 노트를 일기장이라 말하지 않고 편지라고 말했다. 하루에 한 장씩 읽으며 365일 보낸 나도 그 노트를 편지라고 생각했다. 어떤 기록은 편지가 된다. 어떤 지면은 토로와 고백의 장이면서 동시에 대화가 된다. 그가 내게 준 편지는 삶이었다. 그는 내게 삶을 주었다.

A Small Concert

I am waiting. For the concert you promised. He was the one who showed me that a single guitar can be enough to live. We know this: a guitar, a pen, a sip of coffee—any can keep someone alive.

I hope all who hold pens and coffee will come to that small concert. But it is fine to come empty-handed. Then we will hold hands instead.

작은 연주회

기다리고 있어요. 언젠가 당신이 약속한 그 연주회를. 기타 한 대가 삶의 이유가 되기에 충분하다는 사실을 알려준 사람. 기타 한 대가, 펜 한 자루가, 커피 한 모금이 누군가를 살게 하기도 한다는 걸 우리는 안다. 그 작은 연주회에 펜과 커피를 든 사람들이 모두 오면 좋겠다. 빈손이어도 괜찮지. 그럼 손을 맞잡으면 되니까.

Path

I know the path to that world. The exact way. Once there, you can become anything, do anything. Scenes are both familiar and new. The landscape can be guessed, but is always bent.

It is the brightest place I know. The world I least want to lose.

I stop what I am doing and open a book. I read. I follow the lines, and the world unfolds. Before I know it, I have arrived.

경로

경로를 아는 세계가 있다. 목적지에 닿을 수 있는 정확한 길을 안다. 일단 도착하기만 하면 무엇이라도 될 수 있는 곳. 무엇이든 할 수 있는 곳. 온갖 장면은 익숙하게 아는 것이고 완벽하게 처음 보는 것이다. 얼마쯤 예감할 수 있는 풍경이고 언제나 조금쯤 뒤틀린 세계다. 내가 알고 있는 장소 중 가장 반짝이는 곳. 가장 잃고 싶지 않은 세상.

하던 일을 멈추고, 펼친다. 읽는다. 이제, 문장을 따라 펼쳐지는 바로 그 세계를 성실하게 그려본다. 그곳은 어느새 당도해 있다.

Sentence

The notebook holds many blank spaces. I take a pencil, its point not sharp. I breathe slowly. I write the sentence I have carried in my mind.

The pace is never the same. Sometimes words pour out. Sometimes they resist. Still, the sentences join and form a world. A shape appears. It becomes time, it becomes space. It becomes the story I imagined. Writing, after all, is what my life needs.

문장

여백이 많은 노트를 펼친다. 끝이 무딘 연필을 쥔다. 숨을 천천히 쉬어본다. 오래 벼린 문장을 쓴다. 속도는 언제나 제각각이다. 단숨에 쏟아지는 것도 있고 애를 쓰며 세공해도 말끔해지지 않는 것도 있다. 그래도 앞에서 뒤로 이어져가며 부피를 만든다. 형태가 된다. 공간을 이룬다. 오롯이 내가 들어갈 수 있는 자리가 생긴다. 역시나 쓰는 일은 나를 위한 것인가 보다.

비 – 풍경

초판 1쇄 발행 | 2025년 10월 20일
지은이 | 김지현
펴낸이 | 김지현
펴낸곳 | 네시오십분
등록 | 2018년 5월 24일(제332-2018-000002호)
전자우편 | contact@450books.com
홈페이지 | www.450books.com

ISBN | 979-11-994954-0-1(03810)